長子《ちょうこ》さんの鼻の高さはどこから来ているのか

～ファミリーヒストリー～

髙橋芙佐子
Takahashi Fusako

風詠社

はじめに

今から77年前、私は中央線の阿佐ヶ谷で生まれた。実家の隣は母の姉で20歳以上も年の離れたお歳《とし》伯母さんの家だった。正確に言えば実家の隣が伯母さんの家ではなく、伯母さんが持っていた家作《かさく》が私の実家だったのだ。その家作は、お歳伯母さんがポケットマネーで買ったということだった。伯父が昔、横浜の根岸の公営競馬場で働いていた時の羽振りの良さは半端なかったと聞いた。

子供のいなかったお歳伯母は、隣家の妹（私の母）の末娘の私を溺愛してくれた。母は10人兄姉妹の末娘、5人姉妹はそれぞれ嫁いだが、皆、阿佐ヶ谷の実家から歩いて10分以内の所に住み、男兄弟はそれを囲むように20～30分の所に住んでいた。本当に仲が良く、兄弟も姉妹もいとこ達も何かがあると良く集まっていた。

伯母は問わず語りに、「自分は横浜で生まれ育ち、岸恵子や草笛光子が出た平沼高女を出て英語と算数が得意だった。父親は、コルゲート歯磨きやコテイの化粧品を扱っている商社を営んでいた」と言っていた。子供だった私は横浜と言われてもピンとこず、神奈川県の港町の一つだと思っていた。

それから60年、母・長子《ちょうこ》が亡くなり、日ごろから気になっていたルーツを調べてみたくなったのだ。すると結婚するまで住んでいた阿佐ヶ谷よりも、大森の池上本門寺の近くに住み、横浜がどんどん近づいてきたのが何だか偶然とは思えない。

目次

はじめに 3
◇長子《ちょうこ》さんの鼻の高さはどこから来ているのか？ 9
◇S・アイザックス商会とは？ 12
◇何故、愛次郎は、愛一郎ではなく愛次郎と付けられたのか？ 16
◇長子の母親、前島ギンの目は青かったのか、茶色だったのか？ 17
◇長子の母、前島ギンとはいかなる人だったのか？ 19
◇池上本門寺に手がかりはないのか？ 22
◇小さい3基の墓の謎？ 25
◇謎からの仮説「ギンの親は？」 26
◇それでも残る疑問 27
◇えっ、もしやギンの父親が愛次郎？　兄と言われていた愛次郎がギンの父親？ 27
◇愛次郎は、自分がハーフであることは認めなかったのか？ 30
◇愛次郎、前島家族は横浜のどんなところに住んでいたのか？ 34
◇では、愛次郎の母親は誰なのか？ 36

◇もしや、初代I・アイザックス氏や2代目S・アイザックス氏、河井愛次郎も料亭田中家に通っていたのではないか？ 37
◇外国人墓地に眠っている、S・アイザックス氏の息子とは？ 38
◇ユダヤと言えば驚いたこと 39
◇輪島で閃いた！ 45
◇斎藤さんへの手紙 47
◇突然現れたポール・C・ブルームの存在とドナルド・キーンさんへの手紙 51
◇S・アイザックスの姉、ローズの息子、ポール・C・ブルームとは何者か？ 54
◇ドナルド・キーンさんからの手紙 57
◇河井愛次郎が住んでいた家を探す 63
◇Yさん夫婦と一緒に池上本門寺へ 64
◇前島ファミリー会と池上本門寺で合同墓参と食事会 65
◇鼻で始まり鼻で終わる 65
おわりに 71

長子《ちょうこ》さんの鼻の高さはどこから来ているのか

～ファミリーヒストリー～

母・長子の晩年

◇長子《ちょうこ》さんの鼻の高さはどこから来ているのか？

　東日本大震災からしばらくして、母・長子は96歳で亡くなった。96歳は十分に長生きだけれども、早く未亡人となり、4人の子供を育てる中、成人したばかりの長女を再生不良性貧血で亡くすという試練を受けた。86歳からは人工透析になり、本人にとって晩年は不本意だったろうが、一貫して朗らかだったことに周りは救われた。それは親、兄弟姉妹、親戚からも愛されて育ったからに違いない。そして、母・長子は無類の子供好きで、孫やひ孫だけでなく、散歩や公園の前を通ると、知らない子供にも嬉しそうに声をかけていた。また面倒見が良く、姪や特に甥のお嫁さん達には、いつも励ましの言葉をかけ慕われていた。一言でいえば褒め上手の人だった。

　長子の晩年の写真を見ると、顔は年齢相応に痩せても、鼻の高さは変わらず、むしろ一層外国の血が浮き出ている気がしてならない。私も子供の頃、友達から「ロシア人の血が入っているの？」と言われたことは一度や二度ではなかった。母は贔屓目を許して貰えるなら、面差しはエリザベス女王に似ていると言えなくもない。

鼻のルーツを調べたくなった。

母・長子を愛した親戚の一人に愛次郎伯父さんがいる。長子の母・前島ギンの兄、河井愛次郎のことだ。日蓮宗の池上本門寺には母の実家、前島家の墓所と、隣には河井愛次郎の河井家の大きな墓所が並んでいる。河井家の方はまさに墓所というにふさわしい広さで、そこには大きな墓石が2基、河井松右衛門とその息子の河井愛次郎の墓、その他に3基の小さな墓と立派な4つの灯篭などもある。

池上本門寺にある河井家の墓所

母・長子から聞いた記憶によると、河井愛次郎はハーフで、横浜で輪島出身の河井松右衛門の養子になり、愛次郎が商売に成功した時、池上本門寺の一等地に養父河井家の墓所を作り、その隣にギンの嫁ぎ先、前島家の墓所も作ってくれたと。ギンの夫で長子の父・前島柳之介はやはり貿易関係の仕事をして、一家は当時、横浜に住んでいたという。

上記の墓所の一角には、関東大震災で犠牲になった社員9名（日本人8名、英人1名）の名が刻まれた慰霊碑がある。墓碑の裏には「横浜市山下町二百番　株式會社エスアイザックス商会店員」「施主河井愛次郎、設立日、大正12年12月」と記されている。関東大震災が9月に起きたのに、もう12月に慰霊塔を作るとは、施主愛次郎はよほど財力にも余裕があったと思われる。

写真右：河井愛次郎
写真左：墓碑裏側の刻銘「横浜市山下町二百番
株式會社エスアイザックス商会店員」

◇S・アイザックス商会とは？

取り敢えず「S・アイザックス商会」をネットで検索してみる。すると「S・アイザックス商会」という同名の会社が両国国技館のそばにあることが判明。HPの会社の沿革の中に「S・アイザックス氏」の写真があった。母の長子に似ていなくもない。特に鼻の形はそっくり。

ダメ元で電話をしてみる。小倉さんという会長さんが出られた。不躾ながら「S・アイザックス商会」のことを尋ねると、なんと、会長の父上が若い頃、横浜の貿易会社アメリカ系「S・アイザックス商会（前身の名称はR. Issacs & Brother）」に勤めていたとのこと。

S. アイザックス（1865〜1945）

そして、第2次大戦後、小倉会長の父上は創業者I・アイザックス氏を尊敬していたので、権利関係等は何一つ引き継いだわけではないが、昭和33年、同じ名前を付けて東京に小さな貿易会社を興し、今に至っている。池上本門寺に河井家の墓所があることは知っているが、「河井愛次郎」についての詳しいことは分から

後列一番左：小倉会長の父上。前列左から３人目：河井愛次郎、
同４人目：Ｓ．アイザックス

ない。自分も今、Ｓ・アイザックス氏のことを調べている。手元に横浜時代と思われる写真が何枚かあるが、もし分かることがあれば教えて欲しいとのことだった。私も河井愛次郎のルーツを調べていると言うと、大変驚かれた。

そこで、私は従妹の娘Ｋ子と一緒に両国にある今の「Ｓ・アイザックス商会」を訪ねた。小倉会長から見せられた会社の集合写真の真ん中に、Ｓ・アイザックスと、その隣に年頃も同じ、上背・骨格・腰高のよく似たハーフの男性が立って写っている。

このハーフの男性が河井愛次郎なのか……。

小倉会長の説明では、Ｓ・アイザッ

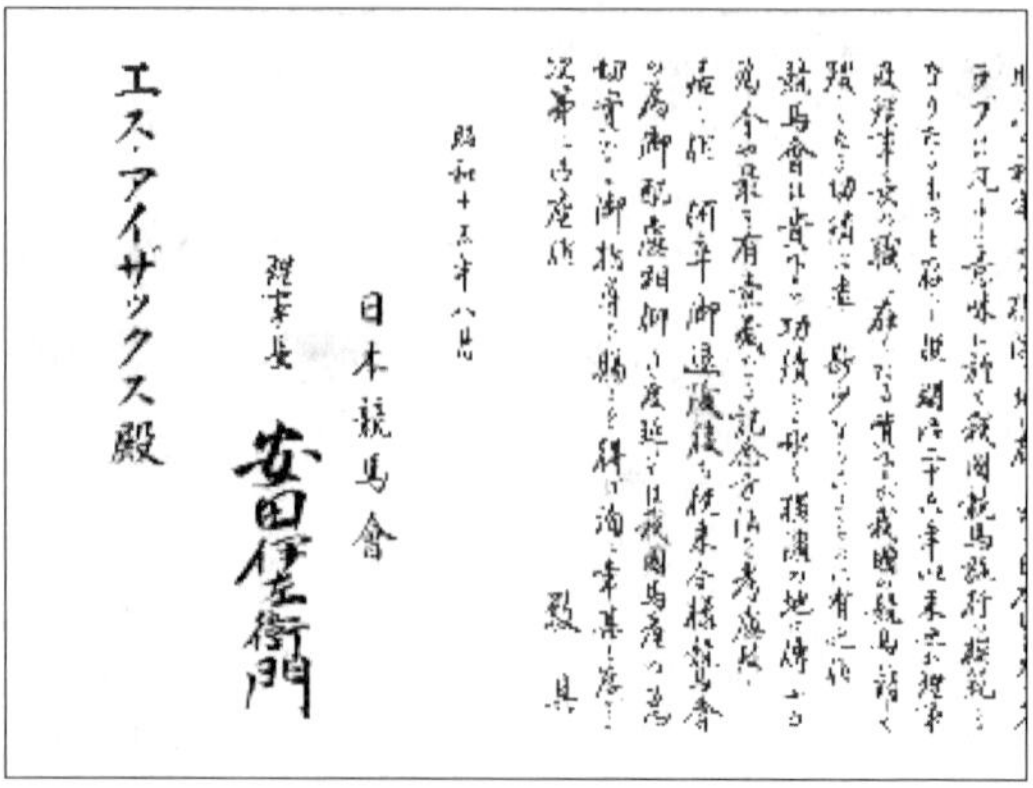
昭和十五年八月
日本競馬會
理事長 安田伊左衛門
エス・アイザックス殿

日本競馬会・安田伊左衛門氏からの感謝状

クスの叔父、初代I・アイザックスは日本人女性と結婚したらしい。初代I・アイザックスの兄、R・アイザックスの妻の父親はチェコスロバキアからアメリカに渡った人。その娘オーガスタが兄R・アイザックス氏と結婚する。その息子が2代目S・アイザックスだと。

何枚かの写真には、池上本門寺の河井家の墓所や、横浜の外人墓地にあるS・アイザックスの息子ミルトンハロルドの墓、あの安田記念の安田伊左衛門からの感謝状（S・アイザックスは根岸の競馬場に深くかかわり、外国人で唯一の理事長までになった）及び安田氏と横浜グランドホテルで写した集合写真等もあった。

小倉会長の話によると、横浜開港からすぐNYのユダヤ系アメリカ人兄弟が「総合商社アイザックス兄弟商会」を横浜山下町に開いた。そこを任されていたのが弟、I・アイザックスで、兄のR・アイザックスはNYで社長だった。そこで、初代、2代に渡り番頭を務めていたのが河井愛次郎。当時の番頭はすごい力を持ち、売り仲介、買い仲介を仕切っていたそうだ。S・アイザックスは山下町の会社とは別に山手の居留地に屋敷があった。アメリカ人の妻との間の息子、ミルトンハロルドは7歳の時、コレラで亡くなり、外人墓地に埋葬されている。S・アイザックスは山手居留地のハイソサエティ達の交流施設、ユナイテッドクラブの会員だったとのことだった。

「ハーフの男性」「横浜・競馬」といえば、確か私の実家の隣に住んでいた母・長子の姉、お歳《とし》伯母さんの旦那さんは、根岸の競馬場で仕事をしていたと聞いたことがある。何か小さな引っ掛かりが見えてきた気がする。

横浜山下町に開いたアイザックス兄弟商会

◇何故、愛次郎は、愛一郎ではなく愛次郎と付けられたのか？

私の家は池上本門寺から車で行けば小一時間のところにある。それからは、何度も池上本門寺に前島家と河井家の墓参りに通った。ある日、愛次郎の墓石をじっと見ていて、戦慄が走った。愛次郎とはアイザックスの日本名ではないか。愛次郎の父親が子供にアイザックスの苗字から愛次郎と付けたのではないだろうか。

そこから私の本格的なファミリールーツ探しに火が付いた。

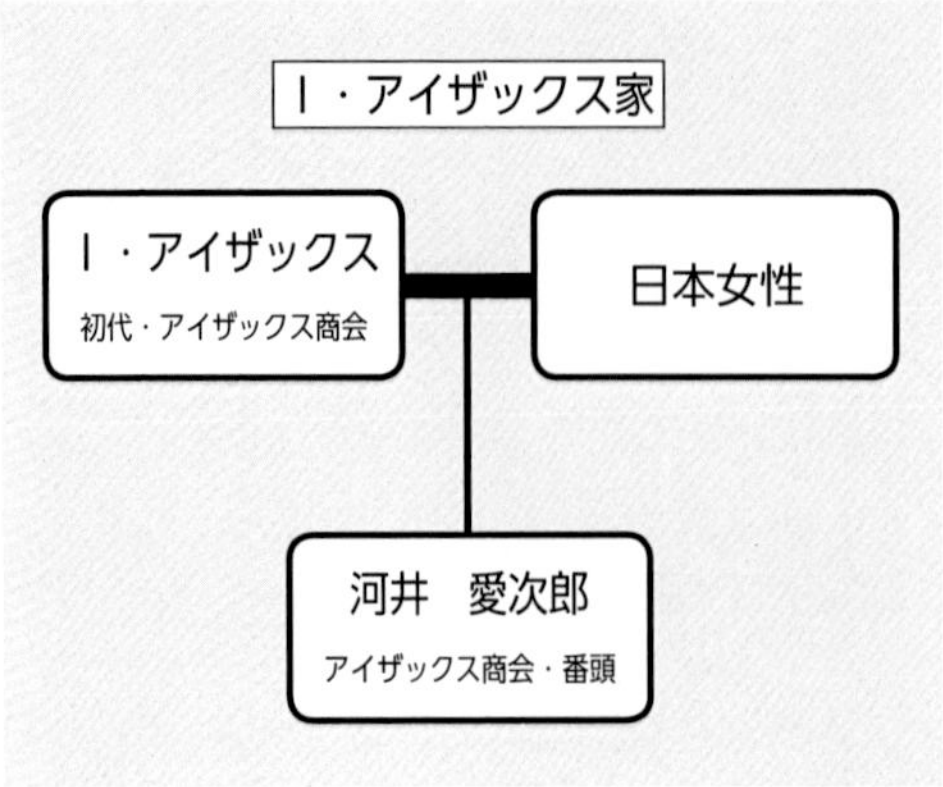

〈系図1〉

河井愛次郎の刻銘

◇長子の母親、前島ギンの目は青かったのか、茶色だったのか？

母・長子は前島家、男5人・女5人兄弟の年の離れた末っ子。私は母・長子の4人の子供の末っ子。だから、いとこ達が34人もいるが、私は、ほぼ末席といっても過言ではないので、あまりルーツには詳しくない。私が生まれた年に祖母のギンは亡くなっているし、写真でしか知らない。

前島家は皆、仲が良く、この15年余り、毎年春になると前島ファミリー会を開いている。その会の発足時の一番の長老が、姉兄妹で唯一残っている長子。何せ母は一番上の姉とは20歳余りの差があり、母の姪が母と同じ歳。昔はよくあったようだ。だが最近は、この従姉達にも、このところ、どんどん鬼籍に入る人も増えてきた。ファミリールーツについて、早く聞けるうちに聞いておかなければと、何か愛次郎について知っていることがあれば教えて欲しいと、いとこ達に電話をかけまくった。何人かから、いくらかの情報を得た。

「愛次郎は横浜で外国人と日本人とのハーフで、どこか横浜の寺に預けられていたが、賢かったので、河井松右衛門の養子として引き取られた。河井家は輪島の出身。だから北前船の行き来でロシア人との血が混じったのかと思っていたと。河井の伯父さんは池上本門寺の近く、大森の山王に大きな屋敷を構え、妹のギンの子供達の面倒を本当によくみてくれた。母・長子が浅草橋で震災に遭った時、家族皆、大森の愛次郎伯父さんの家にお世話になった。愛次郎は鎌倉に別荘を持っていた」（E姉さん）
「ギンさんは静かにトルストイを読んでいて、思想的に日本人離れしていた。茶色の目をしていて、色白で奇麗だった」（F姉さん）
「愛次郎の大森八景坂の家に遊びに行ったことがある。八景坂からは海が見えた」（S姉さん）
「いやいやギンさんの目は青かった」と話す従姉妹もいた。
「ギンさんは、夫・前島柳之介（長子の父）と横浜で『前島商会』を経営し、2人してマニラに出かけたり、コルゲート歯磨きを輸入して儲けていたと聞いたことがある。前島家には何人かの女中もいて、家作もたくさん持っていた。愛次郎は本門寺の法事の際、法衣で袱紗を作り、皆に配った。自分は愛次郎に会ったことはないが、白系ロシアの混血では と聞いている」等、それぞれ話してくれた。

◇長子の母、前島ギンとはいかなる人だったのか？

１９９5年5月、池上本門寺で営まれたギンの50年忌に母・長子が書いて会葬者に渡した、『前島ギン（通称ウメ）に関する長子の覚え書き』なるものが出てきた。

明治8年、11月8日、河井松右衛門（石川県輪島出身）と山田たま（元旗本の娘、牛込）の長女として横浜に生まれる。幼少の時（5、6歳）に母・たま死去。ギンは母方の祖母に引き取られ、牛込区（現新宿区）の愛日小学校に入学する。祖母の亡きあと、貿易商を営む兄、河井愛次郎に引き取られ、横浜に移る。横浜に移る前、榎本武揚の奥方の小間使いとして働き、よく気が付くと褒められ、特に奥方がコレラに罹った時、骨身を惜しまず日夜世話したのを感謝され、横浜行きを再々引き止められたという。

18歳の時、前島柳之介と結婚する。明治、大正、女性の地位が低かった時代、商人の妻として、5男5女の子女を殆ど休む暇もない忙しい日々を過ごしたが、耳学問とはいえ、家事の合間に社会、経済、文学にも興味を持ち、抜群の記憶力は稗田阿礼《ひえだのあれ》（天武天皇が太安万侶《おおのやすまろ》に命じて皇室の伝記を記した古事記の伝承人物。長子注）の再来と言われたという。すでに前島商会は閉じられていたが、昭和7年、夫・柳之介が亡くなった。
昭和19年9月、軍属であった次男Mが南方から帰国の途上、南シナ海で米軍の魚雷攻撃で乗船が撃沈され行方不明となり、終戦を大陸で迎えた長男H一家、三男T一家の安否を気遣いつつ、敗戦後の混乱の中、昭和21年5月3日、四男S宅で尿毒症のため、72歳の生涯を閉じた。中野区大和町の日蓮宗蓮華寺で告別式が行われ、その後池上本門寺で実証院妙光日吟大姉の戒名を受け、同時墓所に埋葬された。終生、津田梅子（我が国最初の女性留学生の一人で、津田塾の創設者。長子注）を尊敬していたという。

《私、長子の思い》

10人の子持ちでありながら、子供が大好きで、孫たちの出産には可能な限り立ち合い、背を丸めながらチョコチョコと手伝っていた姿を思いだします。終戦間近、私はやっと手に入れた切符で、幼い長女、6歳の美保子一人に留守番をさせ、1歳半の長男、数馬を背負い、4歳の小夜子の手を引きながら、当時私たちが疎開していた長野県の山村より、丸1日がかりで、母が6歳の孫のT君と疎開していた群馬県の山の家を訪ね、2年振りに懐かしい母に逢い、石段の多い伊香保の温泉で今生の別れと名残を惜しんだこともありました。調理、掃除等、家事に限らず全てのことに、手際の良かった母でした。

末っ子の私も、母ギンの没年年齢を十余年越え、母ギンの子の最後の生き残りとなりました。母の偉さとともに、母・兄姉の愛に恵まれたことを幸せと思います。本日はギンを知る者で、ギンを忍ぶ最後の機会と思います。50回忌という、今日では稀となった会式に、ご参列を頂きましたことを、心より御礼申し上げます。

〈補足・訂正〉私の記憶、伝承には間違いも多い事と存じます。皆様の記憶・思い出をお話しください。

前列右から２番目：河井愛次郎、同３番目：祖母・ギン、後列右から２番目：母・長子、同左から２番目：伯母・お歳

母・長子が79歳で書いた文章。とても分かりやすい。私は終戦の翌年3月に生まれ、ギンはその年の5月に亡くなっているので、祖母のギンは私の誕生を知っていても、私には記憶がないのが残念だ。

◇池上本門寺に手がかりはないのか？

私は池上本門寺を詳しく調べることにした。
私にとっても良き思い出の地だ。小さい時から、池上本門寺は、日蓮宗の熱心な信者だったお歳伯母さんによく連れてって貰った。実家の隣家に住み、子供のいないお歳伯母さんは私をとても可愛がってくれ、私には命の恩人なのだ。戦後すぐ、食料事情が劣悪な時に生まれた私は、母・長子の母乳が全く出ず、半年ほどで、私は栄養失調で入院し、医者からあきらめてくれと言われたらしいが、お歳伯母は、死なしてはなるものかと、同時期に出産して母乳が沢山出た近所のお豆腐屋のおばさん、近所のおばさん、親戚のおばさんのところに私を抱いて連れていき、懇願し母乳を飲ませて貰った。それで私はかろうじて生き延びたと。きっと「南無妙法蓮華経」「南無妙法蓮華経」と言いながら私の無事を祈ったに違いない。

お歳伯母と池上本門寺に行くときは、実家からいくつか電車を乗り継いで池上駅に着く。駅から本門寺まで歩いていくと、長い階段が迫ってくる。加藤清正が寄進して作らせたという96段をやっと上ると、立派な仁王門が建っている。その先、正面は立派な祖師堂だ。

ひょいと右を向くと、五重塔が見える。五重塔に向かって曲がり、右側を見ると歌舞伎役者達の墓、左側には、前田利家の側室、寿福院の5層の墓がひっそり建っている。ほんのその先の右側に、大きな河井家の墓所があり、その隣にこじんまりした前島家の墓所がある。お歳伯母曰く、「昔は前島の墓所ももう少し広かったが、何かの都合で一部を寺に返した」と。そこは空き地になっていて、50年経った今もそのままだ。

お歳伯母は、「河井の伯父さんは、本門寺の総代も務めていた」と。本堂の裏手には江戸時代、作庭で著名な小堀遠州の作による、池泉回遊式庭園、松濤園があり、「昔は本殿で法事をすると、客殿からその池がよく見えてね」と何度も自慢気に話していた。

それよりも私には、帰りに階段を降りたところのお茶屋、池田屋で食べる葛餅が何より楽しみだった。

閑話休題、話を戻す。

私は従姉の娘K子と共に本門寺の社務所を訪れた。総務のH住職が私の話をじっと聞いてくれ、私の顔を凝視して、「確かに貴女は外国の血が入っている気もする。残念ながら河井家の過去帳は本門寺も空襲でやられて残っていない。現在の河井家の当主に連絡を取ってあげましょう」と、愛次郎のひ孫にあたるM氏につないでくれた。

その後、待ち合わせのホテルで待っていると、M氏が現れた。「あっ、アイザックス氏の鼻だ。間違いない！」と確信した。日本人にしては少し大きめの鼻だ。現在、M氏は父上から引き継いだカフェを経営しており、今まで愛次郎がハーフであったことは知らず、「ロマンだな。そういえば昔から、自分は、考え方が日本人離れしていると言われた。自分もカフェの他に昔から小さな貿易の仕事をしている。愛次郎のDNAと思うと勇気が湧いてくる」と、とても好意的に言われた。

しかし、二度目にM氏をカフェに訪ねて行った折、M氏は「自分の子供にも外国の血が入っているとまだ話せていない。愛次郎は偉かった。いくら広い墓所だと持ち上げられても、管理する身になれば迷惑な話」と、ややトーンの下がった反応にいささか水をさされた。あまりM氏への深入りは遠慮した方が良いと察した。

その後、愛次郎の養父、河井松右衛門の出身地、輪島の中心部にある日蓮宗のお寺、妙相寺をネットで探し、連絡を取ってみた。住職は「輪島も大津波や大火事に遭ったせいか、現在の過去帳には河井松右衛門の記録がない。けれど自分は、日蓮宗の青年部として月に一度、池上本門寺に行くことがあるので、そのお墓を見てみましょう」と言われた。

やがて住職が東京に来られた時、本門寺で待ち合わせ、河井家の墓に経を上げてくださった。そして輪島から運んだと思われる松右衛門の大きな墓石、その横に夭折した子供

子供達の小さな墓

や水子の小さな墓3基を丁寧に見てくださり、「限りなく輪島特有の石です。随分幼くして亡くなったお子さんがいらしたのですね」と、小さな墓石に彫られている年を見て言われた。今まで何度も見ていたが、気にかけたことはなかった。その何気ない一言に一つの違和感が急に湧き上がってきた。

◇小さい3基の墓の謎？

その子供達の命日は明治3年から17年にまたがっている。それが松右衛門の子供達だとしたら、輪島から横浜に出てきて子供がいないので、ハーフの愛次郎を養子にし、その後〝一人娘〟のギンが生まれたと言われていることと矛盾するではないか？　前島ギンは明治8年生まれなのだ。

◇謎からの仮説「ギンの親は？」

ひょっとすると、松右衛門は輪島でもう一つの家庭があったのではないだろうか。輪島の家庭が本当の家庭であり、横浜の家庭は二つ目の家庭ということだ。横浜の家庭での養子が愛次郎であり、〝一人娘〟がギンという仮説である。

愛次郎は大正5年、商売に成功した時、養父・松右衛門の大きな墓石と子供達の小さな墓石をわざわざ輪島から運ばせ、本門寺の一等地に大きな墓所を求め、自分の墓も作っていた。表側の河井愛次郎の名前は、生前作ったことを示す赤字で書かれている。愛次郎本人没後もその赤字は消されていない。しかも移された時、松右衛門の戒名を信士から大居士に直されている。愛次郎も生前、大居士の戒名を授けて貰っていたのか、彫られていた。

輪島の妙相寺のご住職がおっしゃるには、「今でこそ居士の付く戒名がお金で買える時代になったが、その頃は日蓮宗にどれだけ帰依しているかでないと、ここに墓所や、ましてや戒名を信士から大居士に直せなかったはず。熱心な信者で、かなりの寄進もされていたのでしょう」とのことだった。池上本門寺にも関東大震災や空襲のせいでその寄進の記録はない。

この仮説は河井松右衛門が二つの名前を使い分けていたことが後に輪島で判明する。これは後述する。

◇それでも残る疑問

仮に河井松右衛門に家庭が二つあったとしても、母・長子の鼻の謎は依然謎のまま、外国の血が流れているのかという問いの答えになってはいない。となると、どこから流れているのだろうか。ギンの父親は河井松右衛門、母親は山田たま。両方、日本人である。ギンが完全な日本人であれば、母・長子にも外国の血が流れているわけはない。

◇えっ、もしやギンの父親が愛次郎？　兄と言われていた愛次郎がギンの父親？

そこで、仮説を発展させた説が閃いた。ギンは愛次郎の実の娘ではないか。

愛次郎とギンは16歳離れている。（横浜の家庭に）子供のいない夫婦が利発な5歳ぐらいのハーフの男の子を養子に迎え、その11年後に実子が産まれるだろうか。全くない話ではないと思うが、当時男子16歳といえば昔は立派な大人。愛次郎の子が出来ることもあり得るのではないか。

愛次郎16歳の時に出来た子ギンを、事情で育てられなくて、松右衛門の実子として育て貰った。だから愛次郎は松右衛門に終生恩義を感じ、成功した折には池上本門寺に大きな墓所を作り、輪島から墓石すべてを運んで、信士を大居士にしてまでも、感謝の意を表したのではないか。また、戸籍上は妹ではあるが、実子のギンに異常なほどの愛情をかけたのではないかと。

ギンと夫・柳之介が横浜に開いていたという、貿易商の前島商会。子供達、特に男子5人全員に高等教育を施している。東京帝国大学（現・東京大学）2人、東京商科大学（現・一橋大学）1人、早稲田実業学校2人。ギンがいくら教育熱心だとしても、商人の男の子供達全員を最高学府に進ませるには、余程の金銭的余裕がなければ難しかっただろう。愛次郎がギンに援助を惜しまなかったとすれば、それも可能だったのではなかろうか。

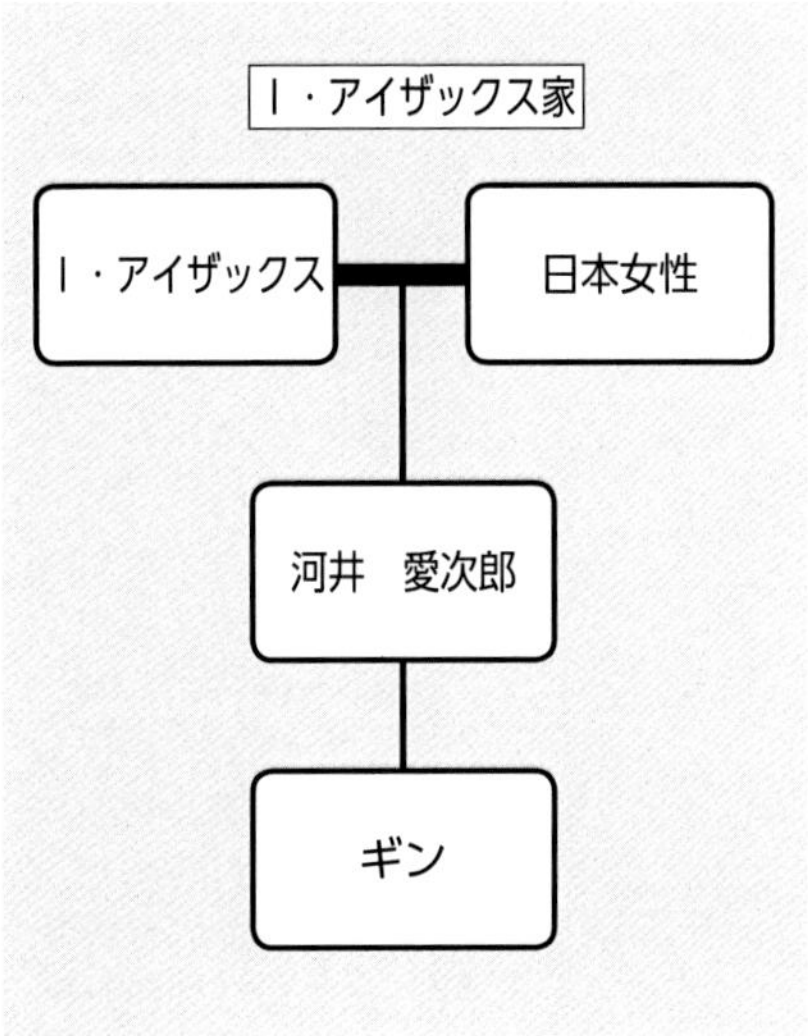

〈系図 2〉

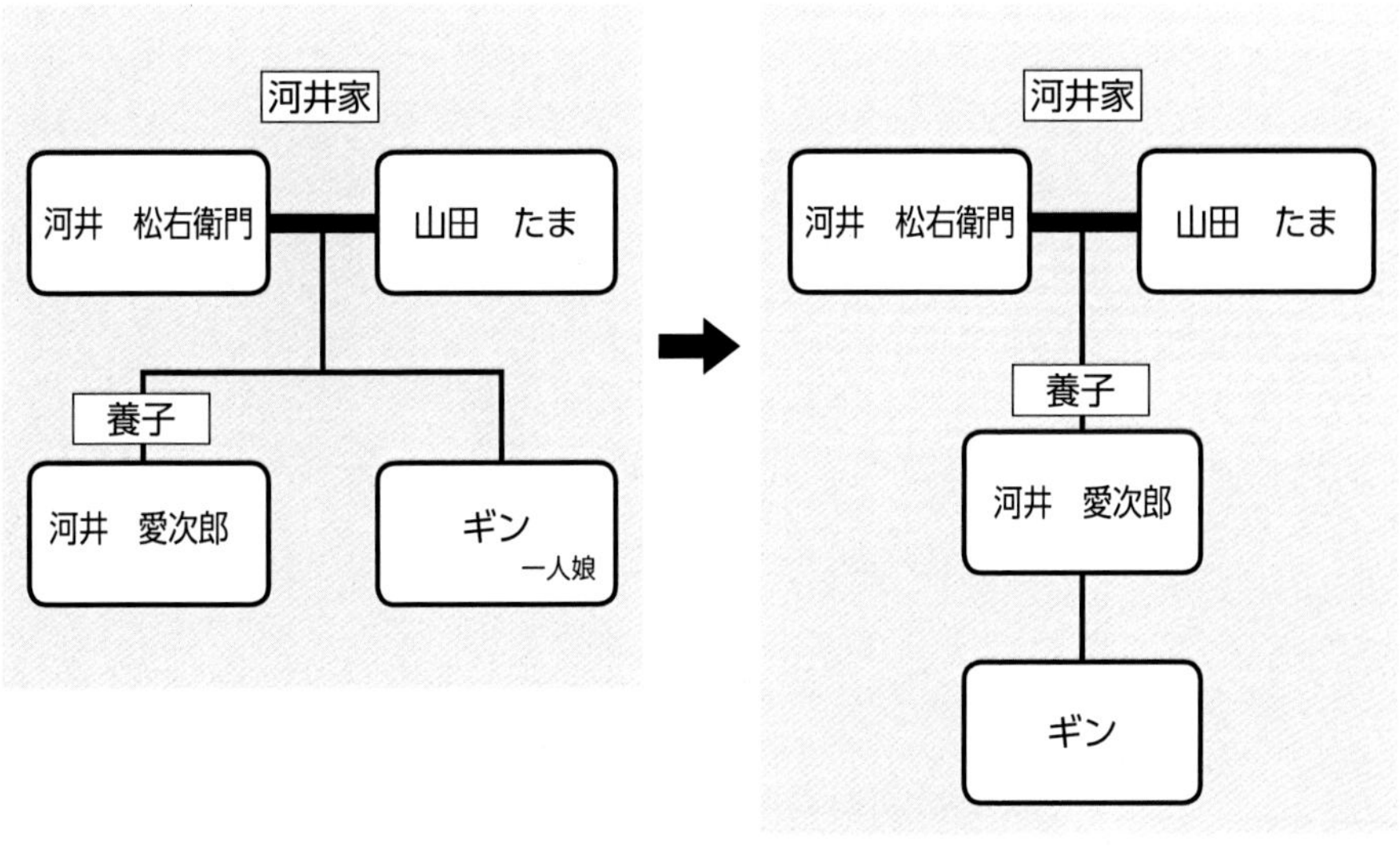

〈系図３〉左は戸籍上の系図、右は仮説の系図

◇愛次郎は、自分がハーフであることは認めなかったのか？

横浜に何か痕跡はないのであろうか。

横浜を調べることにして、横浜通いが始まった。横浜開港資料館というものがあると知った。横浜山下通り。横浜開港時、貿易品の荷が上がった場所。海岸沿いに外国商館が並んでいたであろう場所に横浜開港資料館はあった。

まず、河井松右衛門、河井愛次郎、S・アイザックス、アイザックス商会、前島商会について何か痕跡はないのだろうかと。

愛次郎の痕跡はあった。横浜成功名誉鑑という、今でいう名人録のようなものに、「河井愛次郎」が載っていた。それによると、

河井愛次郎君の先は、能登河井町の門閥家にして、北越屈指の米穀商なり、世々加州侯前田家の御用を務め、苗字帯刀を許される。文久年間、父君松右衛門氏大坂堂島に移り、盛んにとり引きを為せしが、失敗を招いて出浜し（横浜に出ること）本町一丁目に材木商を営み、深見屋と呼ぶ。万年元年八月君は此処に生まれたるなり、十一歳父母の

膝下を離れ、加州金沢なる米問屋に商業を見習い、傍ら通学する五ヵ年、帰浜すれば、実家はすでに人手に渡りて、父母は東都（東京）にあり、君憤然として、再興を図り、紙幣寮（渋沢栄一が関わった造幣局）に通勤し後、牡蠣町米穀仲買店小林儀兵衛方に入り、一年の後、閉店に逢ふや、塗り物問屋の機関たりし三十四銀行員となり、次に会津屋漆器店に招かれ、本町一丁目の同支店として、熱心に売込み業の従事せしが、やがて先代Ｉ・アイザックス氏に知られて、十二年一月同商会に転じ、加藤釜次郎の引き立てにより、漸次、地位を高め、間も無く加藤君の辞職後、益々重用せられに至れり、同商会の製茶貿易に着手せし時の如き、一日数十万斤を扱いて、人をして其の精力に吃驚せしめ、輸出の雑貨、輸入の石油、時計等には重任を負いて巧みに取引し、二十四年十二月、館主病没の際には功労を多とし厚く感謝せりと云ふ、爾来館主の甥二代目Ｓ・アイザックス氏を助け、二十七年、日清開戦に先だって、戦時品を見越し、輸入し大利を博したりしが、三十六年一月米軍のフィリピン討伐に当たって、Ｓ・アイザックス氏はマニラに食糧店を設け、最後に大失敗を招き、Ｓ・アイザックス氏は父の激怒を買ひ、父子ＮＹ法廷に争うに至り、閉店しぬ。Ｓ・アイザックス氏再興の為再び渡日し七十八番館に開業す。君勤務すること二十四年間、恰も一日の如し、君も又、Ｓ・アイザックス氏を助けて捲土重来の鋭鋒を揮い、幾何もなく、貿易界に雄飛して、日露戦役に皮革の大注文米国フランク社に発し、同業者をして、この驚かしむると共に、大成功を収めて巨万の利を勝ち得たるなど益々厚き信任となり、純金大賞牌及び賞状を贈られたり。君は別に同商会の合資社ダーエ氏経営の東洋硝子会社、及び東洋製材会社を扶くれども、他には一つの関係事業なく、終始専らS・アイザックス氏のために、実に模範的館員の最なるものとする。君、音楽及び詩藻上の趣味深く、余技として甚だ其の道に堪能なり。

（相生町6－102）

もう一つ、横浜近代史辞典（1986年、湘南堂書店：大正7年刊の横浜社会辞彙の改題復刻版）に掲載されているのが見つかったが、内容は先の横浜成功名誉鑑の記事の焼き直しで、ほぼ同じだった。只、はっきりと書かれていたのが、「文学的素養に富み、和歌、俳句に精通せり」とあった。

要するに、愛次郎は先代I・アイザックスと出会い、アイザックス社に入り、先代の死後、アメリカからやってきた2代目の甥のS・アイザックスを助け、貿易の売り買いの仲買人として、日清・日露戦争を通して才を発揮し、巨万の富を築いたと。

このような名誉鑑は本人にインタビューして書かれていると思われるが、得てしてマイナスなことは載せていない。出生日は万延元年（1860年）となっているが、一切、孤児、ハーフ、養子ということは書かれていない。載せたくなかったのだろうか。「相生町6－102」は当時住んでいた横浜の住所であろう。

また一つ、愛次郎の写真入りの新聞記事を見つけた。大正5年7月1日発行「横浜之実業」という業界新聞に、大きく新設商工会社紹介の中で、横浜莫大小（メリヤス）商会として載っている。大正5年といえば、愛次郎が絶好調で松右衛門の墓を池上本門寺に移した時代。

要約すると、河井愛次郎は代表者の一人になっている。

1．そのころ横浜に於いて、工業復興の機運があって、莫大小工場も色々できたが、玉石混交で経営難の工場も多かった。

2．しかしながら横浜莫大小（メリヤス）商会は違った。豊富な資金力とS・アイザックス社が輸出を引き受けたので、将来の発展は間違いなしと。輸出先は英・欧州・露、将来はシナ・インドも。製品は靴ト・手袋、製品の品質も確かなので、創立早々成功を収めている。

3．理由として、職工80名も他から引き抜かず、自前で養成した。賃金も日給。「初めは日給15銭、熟練工となれば、日給45銭」と明示されている画期的な仕組みを作った。愛次郎はかなりの企画力も持ち合わせていたようだ。

また、横浜郷土研究会が出していた、横浜貿易捷径（明治26年）という冊子に、百九十五番　米商　アイゼキス商会　（電話二百八十九番）館主エス、アイゼキス
輸入品名（米国産石油、時計、皮、金物、ワニス、ゴム管、食料品、小間物、類）
輸出品名（陶器、漆器、紙細工、シルク、その他雑貨、類）
輸入、輸出とも、売掛人、買掛人は河井愛次郎。
と書かれている記事も見つけた。
ただ、残念ながらハーフという痕跡は見つけられなかった。

◇愛次郎、前島家族は横浜のどんなところに住んでいたのか？

明治22年の横浜の古地図を頼りに名誉鑑に載っていた相生町に行ってみた。山下公園から大桟橋ふ頭を右に見て進むと、左側に横浜開港資料館、その角を左に曲がると、神奈川県庁がある。そのまま、そのみなと大通りを真っ直ぐ進むと、左側に横浜スタジアム、右側に相生町通り。きれいに1丁目から6丁目まで続いている。6丁目が最後で、道を挟んで大岡川だ。大岡川は金沢文庫から横浜の海まで続いている。小さな船で物資の荷揚げも出来、池上本門寺の慰霊碑に書かれていた山下町２００番地にあった会社からも近い。途

中、馬車道もあり、明治5年に敷かれた新橋からの鉄道の横浜駅（今の桜木町駅）にも近く、商売をするにはとても便利であったろう。

愛次郎は相生町102番地、前島ギン家は108番地で5軒ほど離れている。前島ギン家の敷地の方が大きいのは、子供が多かったせいか。当然、愛次郎が先に住み、ギンを呼んだのに違いない。子供達が目の前の人岡川で思いきり遊ぶ姿が目に浮かぶ。ここで前島家の子供達10人中7人まで出生し、その後東京の浅草橋に移ったらしい。

近くに国指定重要文化財、横浜市開港記念会館があった。

日を改めて横浜市開港記念会館に出かけた。その中の図書室で、河井松右衛門の輪島から横浜への足跡を見つけることが出来た。

『横浜歴史博物館編　横浜銅版画「建築史からみた横浜」初田亨著』――それによると、安政6年（1859年）の開港に向けて急速に建築工事を進めなければならなかったので、横浜に多くの棟梁、職人が集まった。賃金を上げることによって、各地から集まってきたが、山師的な一面を持っていた人達もいたようだ。文久（1861年）に神奈川役所は、「定式普請又は入札請負人」を定めている。その入札請負人に、清水喜助、宝田太郎左衛門、水島屋、深見屋（河井）松右衛門の4名が決められていた。なお河井松右衛門は慶応

3年（1867年）に運上所の建築工事も請負っている。

これで、横浜成功名誉鑑の愛次郎の記事の中の、文久年間、父君、松右衛門氏、大坂堂島に移り、盛んにとり引きを為せしが、失敗を招いて出浜し（横浜に出ること）本町一丁目に材木商を営み、深見屋と呼ぶ。が裏づけられたことになる。本町一丁目は開港時、町の一番中心のところである。その間に愛次郎を養子にして、11歳の時、愛次郎を金沢に修行に出したが、16歳で戻って来た時は松右衛門の事業は傾き、東京に移っていたことになる。

◇では、愛次郎の母親は誰なのか？

横浜に来た外国人が知り合う日本人女性と言えば、花柳界《かりゅう》の人が一般的であろう。たまたまテレビで、『幕末から維新へ　激動の時代を生き抜いた料亭　田中家』を見た。横浜市で江戸時代から続く唯一の料亭「田中家」。創業は1863年、歌川広重の「東海道五十三次」版画に神奈川、田中家の前身（さくらや）が描かれている。神奈川宿といえば、晴れた日には江戸湾を隔て、遠くの安房上総の房総半島まで眺望が広がる風光明媚な宿場町で、湾を見下ろす崖のような高台に建つ田中家では、当時、室内から目の前の海に釣り糸をたらして魚釣りもできたという。神奈川宿の最盛期には多くの料理屋や旅館があったが、１８５９年の横浜港の開港により、横浜は諸外国の領事館が置かれ、外国人居留地が作られ、多くの商人が移住してきた。こうした時流の中で、田中家も飛躍的に繁盛したのは、田中家の向かいの本覚寺に米国領事館が置かれ、米国総領事ハリスをはじめとする多くの外国人達が接待や迎賓館として利用したからであろう。

また、当時田中家には、坂本竜馬亡き後の妻・お龍さんが30歳代の2、3年間、仲居として働いていた。彼女は英語が話せたため、大勢の外国人客がいたそうだ。また田中家の常連客としては、高杉晋作、伊藤博文、西郷隆盛、大山巌、乃木希典、夏目漱石、菊池寛等がいたという。

老舗料亭・田中家（横浜市）

◇もしや、初代I・アイザックス氏や2代目S・アイザックス氏、河井愛次郎も料亭田中家に通っていたのではないか？

茶屋というのも一度見てみたいと思った。一介の主婦としては敷居が高い。友達を誘って昼席懐石を予約して行ってみた。今では目の前の海は完全に埋め立てられていた。広さも随分縮小して、江戸時代からたった1軒残った田中家を5代目女将の平塚あけみさんが、今にあうように変え、頑張っておられた。

昔のお茶屋の様子をスライドで見せてくれたり、歴史的エピソード、最近までの奮闘話をしてくれた。その時の女将の口からは、アイザックス社関係の人が使っていたかは定かではなかった。が、後に女将からのお礼のはがきに、「アイザックス社商会の方はよく来店して下さいました」と書かれてあった。そうであるなら、初代I・アイザックスの相手は花柳界の人で、結婚して愛次郎が生まれたということも否定できない。

◇外国人墓地に眠っている、S・アイザックス氏の息子とは？

小倉会長の話によると、S・アイザックスの息子、ミルトンが外国人墓地に眠っているという。それが原因かどうかは定かではないが、S・アイザックスは離婚をしたとも。

外国人墓地を訪ねた。現在は、みなとみらい線、元町・中華街駅6番出口を出て、目の前のエレベーターを昇れば、そこはもう山手、すぐ外国人墓地に着く。入ると直ぐに小さな資料館がある。そこに飾られている1枚の大きな風景写真に驚いた。キャプションに

ミルトンハロルドの墓
（横浜外国人墓地）

「アイザックスの墓」と書かれていた。係りの人に事情を話すと、墓番号を教えてくれた。外人墓地が最初に作られた元町ゲートのそば、ユダヤ人の墓が多く纏まって存在している一区画にあった。想像していたのより大きく、台座を含めて高さ2メートル程あっただろうか。台座にはミルトンハロルドと読める。ユダヤ教を象徴する星形のダビデのマークがトップにあった。

◇ユダヤと言えば驚いたこと

前にも書いたが、前島ギンの10人の子供、そして孫達も、皆、仲が良い。5男で東京帝国大学生だった前島清真は、植物学の権威、牧野富太郎に師事していた。卒業前に病気で亡くなったと、母・長子から聞いている。そして私の隣家のお歳伯母は子供がいない。残り8人にはそれぞれ子供がおり、亡くなった人も数えると総勢、従姉妹兄弟34人。今から15年ほど前から、1人になってしまった長子をトップに前島ファミリー会なるものを開いている。

2015年の5月に開かれたファミリー会で、私はそれまでに調べたファミリールーツ、ギンは愛次郎の子供ではないか、という仮説を発表した。調べていることを知らなかった人達は、自分達にも外国人の血が流れているかもしれないと知って非常に驚いた。

すると、ギリシャからオリーブを輸入販売しているK男が「驚いたね。愛次郎にユダヤの血が入っているなんて」と、オリーブ油の輸入会社を自分が設立した会社の名刺を見せてくれた。その名刺には、会社の商標にダビデの星のマークが刷られているではないか。

私は思わず「愛次郎にユダヤの血が入っていたことを知っていたの？　シェイクスピアの『ベニスの商人』によると、ユダヤ人はがめつく非情だと言われているのではないの？　それを商標に使うなんて」と驚くと、「違うよ、愛次郎にユダヤの血が入っていたことは全く知らなかった。僕は長年、外国の人達と商売をやってきた。そこで一度信頼を勝ち取ると、彼等は本当に信義に厚いんだ。だからこの会社を作るとき、このダビデのマークを入れたんだよ」と。輸入会社、ダビデの星の商標のいわれ——今度は私の方が驚いた。

その時のファミリー会は専らその話題で盛り上がったことは言うまでもない。

私としては、途中経過で、まだまだ調べることがありそうだ。

▽S・アイザックスと競馬の関係。

▽松右衛門の出身地、輪島とは。
▽愛次郎が住んでいたといわれる大森の家は、など。

たまたま私の父方の親戚の家のそばに、神奈川県二宮町立図書館があった。神奈川県の歴史部門を覗いていたら、『文明開化うま物語―根岸競馬と居留外国人』（有隣新書　早坂昇治著）を見つけた。そこにはS・アイザックスの記事が載っていた。

ステーツ＝アイザックス（S.Isaacs）1865～1945　アメリカ人

アイザックス氏は明治、大正、昭和と三代にわたって根岸競馬場を支えてきた功労者と言ってもよい。アイザックス氏が来日したのは、１８９０年（明治23）ごろである。アイザックス会社は居留地１９５番で初めはウオーターブリー時計会社の代理店はじめ幅広く貿易業を営んでいたが、昭和年代にはキング・ジョージ・ウイスキーやフランスのコテイ香水の輸入代理店としても有名であった。また、競走馬の飼料として、質の良い舶来燕麦を、戦前にはじめて輸入したのもアイザックス氏といわれている。根岸競馬では１８９２年（明治25）ごろから彼の馬が活躍しているが、アメリカ人ということで、ステーツ氏（MR.states）という仮定名称を使い、出走馬にも明治時代はアイダホ、メイン、アラバマ、ユタ、というようにアメリカの州名をつけていた。

1896年（明治29）に、はじめて日本レースクラブの委員となり、1923年には常任委員長、1927年には副会頭で常任委員長、1938年から1941年帰国するまで、会頭や競馬場長を務めている。

このころの日本レースクラブは、名誉職的な特別理事と常任理事制度をとっており、特別理事の理事長がいわば会頭ともいえる地位にあったが、アイザックス氏の場合は根岸競馬場が閉場する一年前まで、実質的な最高責任者であった。アイザックス氏は宇都宮に競馬場の牧場を作ったが、その厩舎は、夏は涼しく、冬は暖かいような工夫がこらされており、雨の時は騎手がレインコートを着なくても馬の運動ができる、屋根付きの馬場を自ら設計したりした。日本レースクラブは、関東大震災で大きな被害を受けた根岸競馬場の旧スタンドに代わって、1929年（昭和4）から30年にかけて新しいスタンドを建築することになった。

この時、アイザックス氏は友人であるアメリカ人J・H・モーガン技師に依頼した。この新しいスタンドは、アイザックス氏の豊富な競馬経験をもとに、モーガン氏が最新の技術を生かして設計したものであった。日本のそれまでの競馬場スタンドは、大きな家屋に階段のような観客席をつけた感じのイギリス風の構造であったが、新しいスタンドは屋根の庇を大きく前面に張り出させ、支柱をできるだけ少なくして、左右のコーナーも楽に見ることが出来るようにした画期的なものだった。根岸競馬場のスタンドについては、現在でも古い競馬関係者の間で、「日本で一番見やすいスタンドだった」と語り草になっている。東洋一といわれた新しいスタンドで、アイザックス氏はそれにふさわしい競馬を開催することに努力したが、日本国内では徐々に軍国主義が強くなり、競馬もその影響を受けた。〈中略〉日米間の雲行きも不穏となり、ついに「決して今度は日本も譲歩しないだろう」という言葉を残して長年住み慣れた日本を後にした。１９４５年（昭和20）戦争が終わった。その４ケ月後の12月26日、アイザックス氏は再び日本の地を踏むことなく、79歳の生涯を閉じた。〈中略〉死の直前まで彼の脳裏からは、日本に残してきた馬のことが離れなかったのであろう。日本の近代競馬育ての父ともいえるアイザックス氏の業績について『日本競馬史』には何も記されていない。

最後の「日本の近代競馬育ての父ともいえるアイザックス氏の業績について『日本競馬史』には何も記されていない」の部分は切ない。

現S・アイザックス社小倉会長より、「２０１６年に根岸競馬場跡に隣接する馬の博物館で、根岸競馬場開設１５０周年記念の春季特別展が開かれている」と、記念冊子を送ってくれた。春季特別展に出かけてみた。いくつかの写真が目を引いた。根岸の競馬場長としてのS・アイザックスの写真（本書12頁の写真）が大きな額に入って飾られていた。また大正14年、S・アイザックス所有の馬が帝室御賞典（エンペラーズカップ）に優勝した時、そのバージニア号の横に誇らしげに立つ洋装のアイザックス夫人の姿の写真もあった。息子ミルトンハロルドの亡くなる前なのか。離婚の気配はまだない様子。一通り見て、学芸員に河井愛次郎のことを聞いてみると調べてくれ、河井愛次郎も馬を所有して、愛次郎専用の乗馬服と当時の大森の住所も登録されていた。

その後、小倉会長より、アメリカで死んだアイザックス氏の死亡記事がニューヨークタイムズに載った際のコピーを送ってくれた。

SIG ISAACS

Sig Isaacs of Los Angeles, formerly of Yokohama, Japan, where he had been president of the Nippon Racing Club, died Friday in San Francisco, according to word received here yesterday.

Born eighty years ago in San Francisco, he spent his early years in New York and at 19 went to Japan, where he conducted an import-export business founded by his father, Reuben Isaacs. He had resided in Japan for more than fifty-two years.

He leaves a son, Irwin Isaacs of San Francisco; a brother, Max W. Isaacs of New York, and two sisters, Mrs. Joseph H. Mandlebaum of Mount Vernon, N. Y., and Mrs. David M. Baum of Los Angeles.

The New York Times
Published: December 29, 1947
Copyright © The New York Times

ニューヨークタイムズに載った
アイザックスの死亡記事

１９４５年といえば、日本では終戦直前の混沌とした時期。「サンフランシスコで死んだ人の死亡記事が離れたニューヨークタイムズに瞬時に載るなんて」と、従兄のユダヤ通のダビデの星のマークを会社の商標にしたK男に言うと、「ユダヤ・コネクションは密だからね」と言われた。

◇輪島で閃いた！

ここまで色々調べてきて、河井愛次郎は河井松右衛門の実子ではないのだから、私とは血縁関係は存在しない。けれども、池上本門寺の河井家の墓所にあった水子、子供達の墓石の謎は解けていない。輪島に行ってみたいと思うようになった。

その年の夏、娘を誘って輪島に行った。その前に輪島市役所に電話し、郷土史に詳しい輪島市教育委員会のU氏に事情を話しておいた。U氏に迎えられ、輪島市でも最も有名な住吉神社、松右衛門が商売していた店（深見屋）のあった場所、そこは輪島の港、道一つ隔てた場所だった。現在観光で有名な輪島の朝市はメイン通りを一本入ったところで、海からは1分足らず、今は立派な酒屋になっていた。ご主人に伺うと、「何代目前からここで酒屋を始めたが、その前のことは分からない」とのことだった。しかも、そこは輪島市河井町。前田藩から苗字帯刀を許されたとあるから、住所を苗字とした可能性は十分あり得ると思った。次に池上本門寺で河井家の墓石を見てくださった、日蓮宗妙相寺も訪ね、ご住職と話をすることが出来た。輪島の港、松右衛門が住んでいた店、日蓮宗妙相寺、住吉神社、みな10分以内にあった。

北前船または廻船問屋の町並みが見えるところが黒島というところにあるというので、せっかく輪島に来たのだから、是非見てみようということになった。レンタカーを借りて走っていると、途中、深見町という標識が見えた。松右衛門の先祖がここで生まれ、深見屋という屋号で店を開き、後に河井という苗字になったのでは。

石川県指定有形文化財として、輪島市天領黒島地区にある代表的な廻船問屋の角海《かどみ》家を訪れた。正直言って、北海道のニシン御殿同様、凄かったという印象以上のものはなかった。しかし、廻船問屋と大坂への荷揚げの時期の関係の説明書を読んで、目が点になった。輪島の商人は春に大坂に出て荷を揃え、船で北に行き、年末に大坂に戻り、荷を下ろして、徒歩で輪島の家族の元に戻り、正月を迎えたとあったからだ。二つの場所に二つの家庭があった可能性を意味するのではないか。

輪島市教育委員会のU氏より、面白い資料が見つかったとコピーを頂く。教育委員会が集めた資料、「能登輪島浜屋忠左衛門家文書目録」の中に、明治3年9月15日、為替取り組方一札に、三国屋清蔵→深見屋松右衛門、そして9月20日金札請取証に、横浜河井松右衛門→丹羽権兵衛との記事。このことは、輪島では深見屋松右衛門として、横浜では河井松右衛門として行き来して商売をしていたことを意味する。松右衛門にはやはり二つの家庭があったのではないか。だから横浜に出てきても、輪島では何人もの子が生まれ、亡くしたということではないか。

衛門・庄三郎・门欠→丹羽権兵衛
26　銭算用覚　(明治3)午7月15日　切紙
長井屋庄兵衛→浜・中与
27　西京為替会社受取覚　明治3年7月28日　折紙
為替会社→筒井内記
28　為替取組方一札　明治3年9月15日　一紙
三国屋清蔵→深見屋松右衛門
29　金札請取証　明治3年9月20日　紙
横浜河井松右衛門→丹羽権兵衛
30　養蚕方ニ付為替会社ゟ借用　(明治4)未5月晦日切続紙
銭返済指引間違の旨書状
舘幸蔵→輪島町市長
31　養蚕方借用銭指引方相違仕ニ(明治4)辛未6月10日
付承知の人為御登方依頼状　切続紙

「能登輪島浜屋忠左衛門家文書目録」に載っている河井松右衛門の記事

◇斎藤さんへの手紙

横浜開港資料館設立に携わった、横浜都市発展記念館元調査研究員の斎藤多喜夫さんの記事をいくつか読み、斎藤さんならば何かわかるのではないかと、手紙で愛次郎とS・アイザックスに関するいくつかの質問をした。

「お手紙拝見しました。記憶を呼び覚ましたり、調べたりしましたが、残念ながらご期待に沿えるような結果は得られませんでした。わかる範囲でお答えします」との前書きを添えた、丁寧な返事をいただいた。ここにおおよその質問と返事を書く。

【Q1】河井松右衛門は輪島で前田藩の御用商人をしてから、横浜に出てきた。横浜に加賀町交番というのがあるが、そこは前田加賀藩と関係があるのか。単に商機を求めてやってきたのでしょうか？

【A1】加賀町というのは、居留地に名前を付ける際に安直に日本中から地名を持ってきただけのこと。加賀藩とはなんの関係もありません。

【Q2】愛次郎は、万延元年生まれでハーフ。お寺に預けられていたが、5歳ごろ、利発な子だからと横浜で成功していた子のいない河井松右衛門の養子になったと聞いている。開港当時の横浜の加賀藩と日蓮宗を知りたい。また、当時は親から離れたハーフはどのようなところで育ったのでしょうか？

【A2】開港直後、横浜に立ち寄った際、愛次郎を宿したことになります。「そんなことがありうるのか？」といえば、ありえないとは言えないと思います。男女間の敷居は驚くほど低くて、国籍や民族の違いの壁を軽く越えてしまいます。そのような例をいくつも知っています。しかし一度（念を入れれば二度）養子に出せば、実の親の名前は消えてしまいますから、そのことを証明するのは至難の業です。同じことは、愛次郎とギンの関係についてもいえます。親から離れたハーフは、私の知っている範囲では、母親の実家か雇い主です。日蓮宗のお寺ですが、横浜近辺には日蓮宗のお寺が多いので、何かの手がかりがないと特定するのは難しいのではないでしょうか。

【Q３】私の仮説によると、愛次郎は初代Ｉ・アイザックスの子であるとすると、２代目Ｓ・アイザックスは従兄弟同士になる。50年近くも横浜の山手居留地で、貿易会社経営と近代競馬の発展に寄与したのに、戦争のため帰国を強いられ、アメリカで亡くなったと知り、同情を禁じ得ない。アメリカに戻ってからの消息を調べることは可能でしょうか？

【Ａ３】「河井愛次郎がアイザックスの子だ」というのは、どこかで読んだ記憶がありますが、昔のことで、なんで読んだのか、どうしても思い出せません。そのような噂が存在したことは事実だと思いますが、それを証明するのはなかなか困難です。「BLUM SAN!」という本のことはご存じだと思います。ポール・ブルームの母 Rose の姉

Sarahの子孫にあたるグリーンさんが書いた伝記です。この本について詳しい知り合いに問い合わせてみましたが、本の最初の部分で、来日したアイザックス兄弟のことについて触れているが、ニューヨークのアイザックス家については書いていないようです。

【Q4】前島ギンの夫、前島柳之介も、横浜で貿易会社、前島商会をやっていたといわれるが、明治時代の電話番号簿を調べても、アイザックス商会は出てきても、前島商会は出てこない。私の調べる限り、「前島商会」の痕跡は横浜にはないのが不思議です。愛次郎の傘下にあったのでしょうか。調べることは可能でしょうか？

【A4】前島商会については、今のところ手がかりはありません。

斎藤さんのお返事の中で、〈「河井愛次郎がアイザックスの子だ」というのは、どこかで読んだ記憶がありますが、昔のことで、なんで読んだのか、どうしても思い出せません。そのような噂が存在したことは事実だと思いますが、それを証明するのはなかなか困難です。〉の部分は私が一番知りたいところに近い返事であった。

では「前島商会」の正体はどこにあるのだろうか。明治・大正時代の横浜地区の商業の電話番号簿を調べてみたが、どこにも見つからなかった。多分、愛次郎の下請け的な商社ではなかろうか。では何故、横浜から東京の浅草橋に移ってきたのだろうか。E姉に尋ねたら、どうもギンの夫、柳之介は愛次郎と違って商売下手だったらしい。東京に来てからも、織機の部品の「おさ」というものを、工場を持って作っていたという。いつも何かあっても愛次郎が助けてくれる、という甘えがあったのかも。東京で生まれた末っ子の長子を良く銀座に連れて行き、カフェでコーヒーを飲んでいたらしい。母はコーヒーは飲まなかったが、「バリスタが入れてくれるコーヒーの香りが好きでねえ」と言っていた。

私はバリスタという言葉を知っている母に驚いたことがある。そして、いつも洋服や帽子は銀座の老舗「サエグサ」で揃えていたとも。母は本当に愛されていたのだ。

◇突然現れたポール・C・ブルームの存在とドナルド・キーンさんへの手紙

斎藤さんの返事にあったポール・ブルームを調べなければと思い、また横浜開港資料館に向かった。学芸員がポール・ブルームは確かS・アイザックスの姉の子、甥で、彼のことが書かれた「Blum ~ san!」という英文の伝記があると教えてくれた。見せてくれた本は英文なので直ぐには読めず、彼の先祖が横浜に来た経緯と彼が横浜で生まれ育った部分をコピーしてくれた。そして「ポール・ブルームが亡くなった時、追悼文をドナルド・

キーン（訳・徳岡孝夫）さんが書かれています」と、それもコピーしてくれた。そしてブルームさんが集めた貴重な蔵書を横浜開港資料館に寄付してくれて、ブルーム文庫といわれていると説明してくれた。その「Blum~san!」は３００ページを超え、本の表紙を見ると、キャプションに「学者、兵士、紳士、スパイ」と、ブルームさんの写真が載っている。

私はアメリカからその本を取り寄せた。彼の先祖が横浜に来た経緯と、彼が横浜で生まれ育った部分だけでも自分で読みたいと思った。その時、私自身、還暦から少しずつ英語を習ってきたのはこのためか。しかし、とてもとても、全文をスラスラと読める技量はない。ブルームさんの曽祖父が日本にやって来たいきさつを読むのがやっとだった。

要約すると――ポール・Ｃ・ブルームの曽祖父、Ｗ・ウルフはチェコ人でユダヤ教のラビだった。娘オーガスタを連れて、香港で布教をしようと、まず初めにＮＹに移住した。その後、サンフランシスコに向かう時に出会ったのがジャーマン訛りの初代アイザックス兄弟で、兄のＲ・アイザックスと弟のＩ・アイザックスだ。娘のオーガスタは兄のＲ・アイザックスと結婚し、兄のＳ・アイザックスと妹ローズが生まれた。兄弟はＮＹに移って「アイザックス兄弟商会」という貿易会社を作った。父親のウルフは孫を見て安心して、一人で香港に向かった。途中、日本に寄り、開港で活気あふれる横浜を見て、「ここ

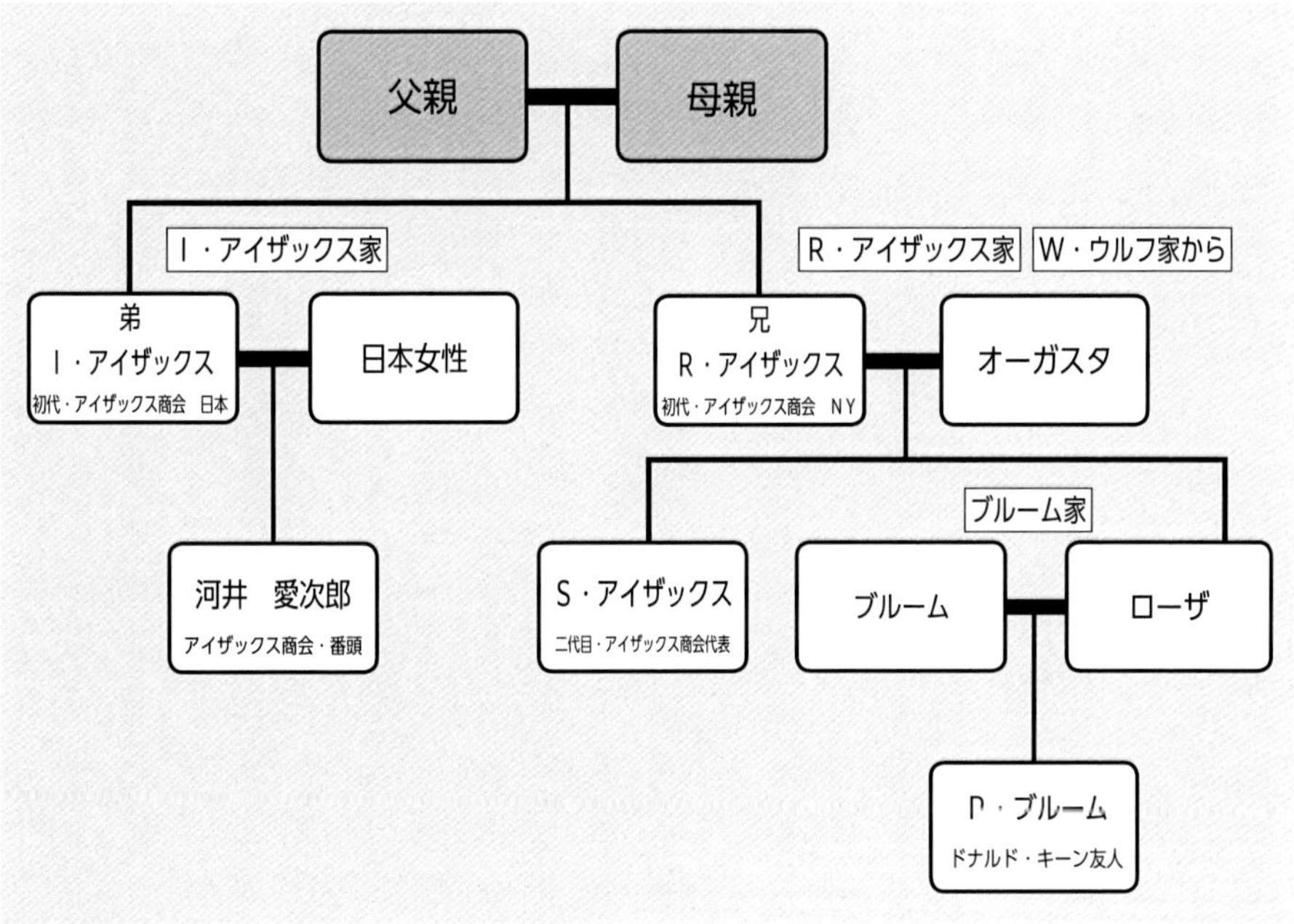

〈系図４〉

横浜には商機がある。誰か日本に来ないか」とＮＹに手紙を書いた。それを読んだ兄のＲ・アイザックスは「自分には家庭がある。お前が行け」ということになり、弟のＩ・アイザックスが横浜に来て、初代「アイザックス兄弟商会」の日本の代表になる。この初代Ｉ・アイザックスが日本人と結婚したという情報がアメリカに伝わった。まさにそこに生まれたのが愛次郎ではなかろうか。

◇S・アイザックスの姉、ローズの息子、ポール・C・ブルームとは何者か？

『ポール・C・ブルーム氏の生涯』（横浜開港資料館資料より）

1878年（明治11年）父アンリ・ブルーム（ユダヤ系フランス人）来浜。ウィトコフスキー商会の支配人となる。

1894年（明治27年）頃、横浜居留地の有力商会のアイザックス商会の支配人（故I・アイザックス）の姪にあたるローズ（ユダヤ系アメリカ人）と結婚。山手241番に新居。

1898年（明治31年）ポール・C・ブルーム誕生。セント・ジョセフ・カレッジ（横浜山手）で初等教育を受ける。

1912年（明治45年　14歳）一家はフランスに帰国。ジュネーブおよびパリ近郊で教育を受ける。

1914年（大正3年　16歳）第一次世界大戦始まる。エール大学在学中、志願して従軍。アメリカに帰化。大学卒業後、南米アマゾン、インドネシア、旧ベルギー領コンゴなど世界各地を旅行する。この頃から書物の収集を始める。

１９４０年（昭和15年　42歳）前年、第二次世界大戦が始まり、当時住んでいたパリ郊外にドイツ人が侵入。この時、女中の機転で、蔵書は散逸をまぬがれたという。スペイン、ポルトガルを経て、アメリカに逃れ、コロンビア大学で日本語を学ぶ。そののち米海外戦略局（ＯＳＳ）に入り、スイスのベルンで、日本の終戦工作に従事。

１９４５年（昭和20年　47歳）終戦。ＧＨＱ（連合軍司令部）の職員として、生まれ故郷の横浜の地を踏む。

１９５２年（昭和27年　54歳）再建された日本アジア協会の役員に選ばれる。１９５８年以降は民間人として滞日。この前後から日本関係洋書の収集を本格的に取り組む。

１９７８年（昭和53年　80歳）アメリカへの帰国を決意。この時、横浜開港資料館設立の趣旨に賛同、愛蔵のコレクションを横浜市に提供。

１９８０年（昭和55年　82歳）来日。新たに発見されたトミーポルカの楽譜など約70点の資料を横浜市に寄贈。

１９８１年（昭和56年　83歳）６月２日、横浜開港資料館開館記念式典に参列。８月16

日、NYのマウント・サイナイ病院で死去。11月12日、遺言により、帰国後収集された欧州古版日本地図など約200点の資料が当資料館に寄贈される。その本は5500冊になるという。

何より驚くのが、書籍「BLUM SAN!」の表紙に載っているポール・C・ブルームの写真が、まさに脈々と長子さんにつながるアイザックス家の鼻だったこと。キーンさんからブルームさんへの追悼文によると、42歳の時、コロンビア大学でドナルド・キーンさん（当時19歳）と知り合い、友達の山荘で一緒に日本語を勉強したこと。それからキーンさんとは生涯の友人なること。その折、キーンさんはフランス語を勉強しようとしていたが、ブルームさんに、中国語と日本語を勉強せよと言われたこと。彼に従うことがなかったら、キーンさんは日本での文化勲章授与はなかったことになる。ダレス国務長官の下で、諜報員のような仕事をして、戦後はCIAの東京局長として働いていたこと。しかし絶対といっていいほど、ブルームさんは、キーンさんにも戦争中の仕事の話は

「BLUM - SAN ！」の表紙に載ったポール・C・ブルームの写真

しなかったこと。キーンさんは彼を評して一言〝ブルームさんは情熱の人〟だった。

◇ドナルド・キーンさんからの手紙

ドナルド・キーンさんなら、ブルームさんから何かS・アイザックスのことを聞いていないだろうかと思い、キーンさんへ手紙を書くことにした。どこに出していいかわからなかったので、直前にキーンさんの特集をしていたNHK宛てにキーンさんに届けて欲しいと頼んだ。しばらくして、知らない弁護士事務所から一通の封書が届き、開けてみるとキーンさんからの日本語で書かれた返事だった。

全文を載せさせてもらいたい。

髙橋芙佐子様

前略　ごめんくださいませ。

お手紙を頂きましたが、あまり、お役に立つ知識を持っていません。申し訳ありません。ブルームさんの友人でした。

会ったのは1941年で場所はアメリカの南の方にあるノースカロライナ州でした。

その夏、友達の山荘で家庭教師の下で日本語を一緒に勉強しました。ブルームさんは42～43歳で、私は19歳。「日本との出会い」という私の本に勉強の状況について簡単に述べられています。

秋になって、私たちはニューヨークに戻って、戦争が始まるまで、時々ブルームさんに会いました。戦時中、私は海軍に入ったが、ブルームさんはスイスで政府の仕事を務めていました。ブルームさんは家族や祖先については話すことは殆どありませんでしたが、終戦直後、カリフォルニアにいた頃、ブルームさんから手紙があって、ロスアンゼルスに住んでいる伯父さんに会ったら、日本について色々話して下さるでしょうと書いてありました。

私は伯父さんのお宅に行って、何年もの長い日本滞在について話しましたが、中でも「日本の競馬場の設立者」であったことを特に誇りに思ったようでした。また私に、形のない賞牌を見せて、横浜の大地震の時、焼かれたと説明しました。お手紙に出ているS・アイザックスさんでしたでしょう。10年ほど前に私はブルームさんの甥御さんのRobert S Greenと親しくなりました。彼は何回も日本を訪ねましたが、昨年亡くなりました。グリーンさんはブルームさんについて本を発表しました。「BLUM SAN!」という珍しい名前です。自費出版ですので、本屋では買えませんがアマゾンでは買うことが可能でしょう。この本に、ブルームさんの家族がかなり詳しく書かれています。私はブルームさんの家族と文通はしていませんが、グリーンさんの友からたまに便りがあります。彼女はブルームさんの祖先についての情報がないでしょうが、ブルームさんの家族の方を存じているかも知れません。

住所は次の通りです。

Diana/Green P.O Box・〇〇〇〇……

多分日本語は読めないでしょう。

敬具

ドナルド・キーン

と自筆のサインが入っていた。やはりS・アイザックスさんと会っていたのか。それだけ分かれば十分だ。丁寧に記憶をたどって、日本語で返事をくれたドナルド・キーンさんには感謝しかない。

もうこれ以上調べることは出来ない、そろそろ限界、と思った時、思い出した。

母・長子からよく「H子ちゃん、M子ちゃん」という名前を聞いたことがあった。確か母は、「H子ちゃん達は愛次郎の二号さんの子どもで、愛次郎の大森の家に引き取られた。2人とも透き通るような美人だった」と話していた。母と同世代だったのか、仲良くしていたようだ。私は、H子ちゃん・M子ちゃん姉妹の名前は母からよく耳にしていたが、

高橋芙佐子様

前略　御免下さいませ。

お手紙を頂きましたが、あまりお役に立つ知識を持っていません。申しわけありません。

ブルームさんの友人でした。会ったのは１９４１年で、場所はアメリカの南の方にあるノースカロリナ州でした。その夏、共通の友達の山荘で家庭教師の下で日本語を一緒に勉強しました。ブルームさんは４２、３歳で、私は１９歳。「日本との出会い」という私の本に勉強の状況について簡単に述べられています。

秋になって、私たちはニューヨークに戻って、戦争が始まるまで時々部ルームさんに会いました。戦時中私は海軍に入ったが、ブルームさんはスイスで政府のしごとを勤めていました。

ブルームさんは家族や祖先について話すことは殆どありませんでしたが、終戦直後、カリフォルニアにいた頃、ブルームさんから手紙があって、ロスアンジェレスに住んでいる叔父さんに会ったら日本についていろいろ話して下さるでしょうと書きました。私は叔父さんのお宅に行って、何年もの長い日本滞在について話しましたが、中で「日本の競馬場の設立者」であったことを特に誇りに思ったようでした。また、私に形のない賞牌を見せて、横浜の大地震の時、焼かれたと説明しました。お手紙に出ているアイザックさんでしたでしょう。

十年ほど前に私はブルームさんの甥御さんの Robert S.Greene と親しくなりました。彼は何回も日本を訪ねましたが、昨年亡くなりました。グリーンさんはブルームさんについて本を発表しました。BLUM-SAN!という珍しい名前です。自費出版ですので本屋では買えませんがアマゾンで買うことが可能でしょう。

此の本にブルームさんの家族がかなり詳しく書かれています。

私はブルームさんの家族と文通していませんが、グリーンさんの友からたまに便りがあります。彼女はブルームさんの祖先について情報がないでしょうが、ブルームさんの家族の方を存じているかもしれません。住所は次の通りです。

Diane/Greene
P.O.Box ○○○○

多分日本語が全然読めないでしょう。

敬具
ドナルド・キーン
ドナルド・キーン

ドナルド・キーンさんからの手紙

会ったことはない。

実家の長子さんが残した電話帳に、愛次郎の二号さんの娘H子さん（故人）のご子息Yさんの住所と電話番号が載っていた。思い切って電話をする。突然の電話にもかかわらず、前島家のこと、長子のこともよく知っていて、快く応じてくれた。ファミリーヒストリーを調べていることを話すと大変興味を持たれ、一度遊びにいらっしゃいと言われた。おっとりとした重厚な男性の声の方だった。

K子を誘い某駅の改札口で待ち合わせをする。品の良い80歳前後のご夫婦が待っておられた。ご主人の鼻の形を見て、やはり「あっ、河井家の鼻だ！」と確信した。お宅にお邪魔して、私の持っている写真などをお見せした。Yさんは、私の突然の電話を貰うまで、祖父に当たる愛次郎がハーフだとの認識は全くなく、母親のH子も全くその話はしなかったとのこと。

そして、「H子の母、Nマスは愛次郎の本妻でないこと、芸者だったということは分かっていた。母H子と妹のM子は共に横浜で生まれ、赤坂で育った。H子は第三高女（駒場）、M子は山脇高女に通い、その後大森の家に引き取られ、お嫁に出してもらった。H子は和歌山県出身の2代続く、陸軍中将の長男と結婚した。Y家は四谷に４００坪の屋敷に住んでいた」と。

Yさんは小学校から大学まで学習院で、平成天皇の一つ上で、日光、沼津、小金井の学習院での団体生活も一緒に過ごした。やんごとなき育ちの良さを感じられる方だった。

さらに、「愛次郎は自分が4歳の時亡くなったが、母H子に連れられて大森の家に行くと、親戚が沢山いて楽しかった。愛次郎は溺愛し、デパートで待ち合わせた時、何でも良いから買って上げると言われ、三輪車をねだるとすぐ買ってくれ、タクシーを呼んでくれて送ってくれた。また、誰かの法事の時は退屈するだろうからと、電車のゲージを買ってくれた」など、80年前のことを楽しい思い出として話してくれた。

また、愛次郎の鎌倉、材木座の別荘にもよく行き、H子がその別荘での仮装大会で撮ったという写真を見せてくれた。まるで宝塚の男装の麗人のようなH子さんが写っていた。Y氏が母親と吉祥寺にいた頃は、自転車で阿佐ヶ谷、高円寺の前島ファミリーの家に行き、皆に良くしてもらったと、前島ファミリーの仲の良さを話してくれた。

そして、「24歳の時、父親を亡くして茫然としていると、愛次郎の長男が仕切ってくれ、池上本門寺で葬式をあげることが出来た。愛次郎の長男には感謝している。愛次郎は自分の葬式にはH子の舅になる元陸軍大将に、大礼服で出席してくれと言われ、そのようにした」とか。

愛次郎はこれといった学歴をもたず、実業では成功したが、やはり武人の格式に憧れていたのかと、その心情を思うとやはり切なくなる。

訪問した夜、Ｅ従姉に報告すると、「Ｈ子さんの母親のＮマスさんは、良い家の出だったが、家が没落し、横浜で芸者になって愛次郎が引いた。また、Ｈ子さんは頭が良くて飛び切り美人で縁談も沢山あった。家柄の良い和歌山県出身の父親が陸軍大将だった息子との縁談を愛次郎は勧めたのでないか」と。

◇河井愛次郎が住んでいた家を探す

前島ファミリーでは、愛次郎が話題になると、「大森の伯父さんが」という言葉がよく出てくる。一体、愛次郎は大森のどの辺に住んでいたのか。誰も正式の住所は知らない。根岸競馬場跡の馬の博物館を訪れた時、愛次郎も自分の馬を所有して、愛次郎専用の乗馬服も登録されていた。その登録時の大森の住所が記されてあった。

その旧住所を基に探してみた。従妹の一人が、「大森の駅からはそんなに遠くはないが、急な八景坂を上ったところにあり、八景坂からは海が見えた。坂を歩くのが大変な時は大森駅からタクシーで行った。玄関には車回しがついているような大きな家だったが、何となく暗い印象があった」と語ってくれた。

旧番地から旧地図を探し、地図の中に愛次郎の家も見つけた。当時大森駅は、日本で初めて通った鉄道、新橋～横浜間の途中。池上本門寺も近く、愛次郎にとっては最高の立地だったに違いない。大体ここであっただろうというところが見つかった。

◇Yさん夫婦と一緒に池上本門寺へ

私がYさんを訪ねた後、Yさんより「自分も祖母、Nマスのお墓参りをしたいと思い、横浜の根岸の市営墓地でやっと見つけることが出来た。ついては久しく行っていない池上本門寺に行きたい。ご一緒しませんか」と誘われた。本門寺で待ち合わせ、河井、前島両家の墓所をお参りして、Yさんは「本当にほっとした」と喜ばれた。

その折、河井家の墓所に関東大震災で亡くなったアイザックス社の社員の墓石があり、「N〇〇」という女性の名前を見つけた。「あくまでも私の推測だが、面倒見の良い愛次郎が二号さんのNマスの身内をアイザックス社で面倒を見たのではなかろうか」と話すと、Yさん夫婦は「そうに違いない。鳥肌の立つ思いだ」と言われた。

◇前島ファミリー会と池上本門寺で合同墓参と食事会

秋の彼岸過ぎに、前島ファミリー会とY夫婦と、両家の合同墓参と食事会を企画した。総勢16名が参加し、本門寺の美しい庭園、松濤園が見えるレストランで和やかに会は進められた。皆で記念写真を撮り、私のファミリーヒストリーをたどる旅は一応終りにしたいと思った。

◇鼻で始まり鼻で終わる

「母の鼻は何故あんなに高かったのか」という素朴な疑問から、色々なことが芋づる式にわかってきた。愛次郎がI・アイザックスと日本女性との子供であるとの状況証拠はたくさんあるが、確たる証拠はない。

孤児であっただろう愛次郎が、外国商社の番頭になり、実業で成功したという紛れもない事実は変えられない。一度は親に捨てられたハーフの幼児が孤児となり寺に預けられ、松右衛門の養子となった。松右衛門の故郷、金沢に修行に出て、16歳で戻れば、父の事業は破綻していた。自分の子供であろうギンを、東京に移っていた松右衛門に預けた。どのようないきさつかは不明だが、父であるI・アイザックスと出会い、アイザックス社を終生支えた。初代I・アイザックスに出会えた時は、どんな気持ちだったのだろう。

初代I・アイザックスが急死した後、NYのアイザックス兄弟会社の社長R・アイザックスの息子で、愛次郎の従兄に当たる、S・アイザックスが横浜にやってきた。2代目S・アイザックスをも愛次郎は献身的に支えた。

そして我が子ギンを出来るだけの愛情で、金銭的にも援助を惜しまなかった。実子として育ててくれた養父松右衛門には深い恩義を感じ、自分の信じる日蓮宗の池上本門寺に墓所を建てた。

しかし、どのような環境に於ても、精一杯頑張った愛次郎。ブルームさんの〝好奇心〟と〝情熱〟——その血が私にも前島ファミリーにも確実に流れていると信じたい。

皆、誰しもこの世に存在しているということは、はるか先祖の頑張りが途切れずにあったからこそだと思う。

母・長子の鼻、愛次郎の鼻、私のいとこ達の鼻、S・アイザックスの鼻、ブルームさんの鼻。皆、愛しくてならない。

最後に、このファミリーヒストリーを書き終えるにあたって、前島家の墓、河井家の墓に報告しようと、お彼岸に息子と池上本門寺に向かった。きれいに掃き清め、花を手向け、「愛次郎大伯父さん（曽おじいさん？）、書かしてくれてありがとう」と頭を下げた。そしてもう一度、墓石を見上げていると、また一つ閃いた。

河井松右衛門の輪島から持ってきた墓石の表に、松右衛門と対に彫られていた妻は、輪島の本妻であって、横浜で所帯を持った、山田はつ（前島ギンの母と言われる）ではない。となると、「はつ」は横浜の妻でなかったのかと。そうであるに違いない。不思議なことに、松右衛門の亡くなった日時も「はつ」のことも、何一つ墓石には痕跡はなかった。

帰り際、祖師堂の売店に『撮された戦前の本門寺』という写真集を売っていた。パラパラとめくってみたが、明治時代から本門寺は鬱蒼と緑が多く、確かに震災にも空襲にも焼けなかった五重の塔はどの時代にもしっかり写っているが、河井の墓所までは写ってなさそうだ。私は買うつもりはなかったが、息子が記念に買っておこうと買ってくれた。家に戻り、写真本をゆっくり眺めていると、戦前、池上本門寺にとって、昭和6年の日蓮聖人六百五十遠忌がどんなに大きな法要であったかが分かる写真が、何ページにもわたって載せてあった。

その中の1枚「法要に参列する人々」の写真のど真ん中、一番良い席に、愛次郎が熱心

「法要に参列する人々」の前列真ん中 愛次郎（昭和６年）（ ⇧が愛次郎）

に数珠をつけ拝んでいる姿がはっきりと写っているではないか。「あっ、この鼻は間違いなく愛次郎だ！」——今から90年前、カメラを全く意識せず、一心不乱に日蓮上人に祈っている素の愛次郎に出会えた。私と愛次郎が繋がった奇跡の瞬間だった。

〈完〉

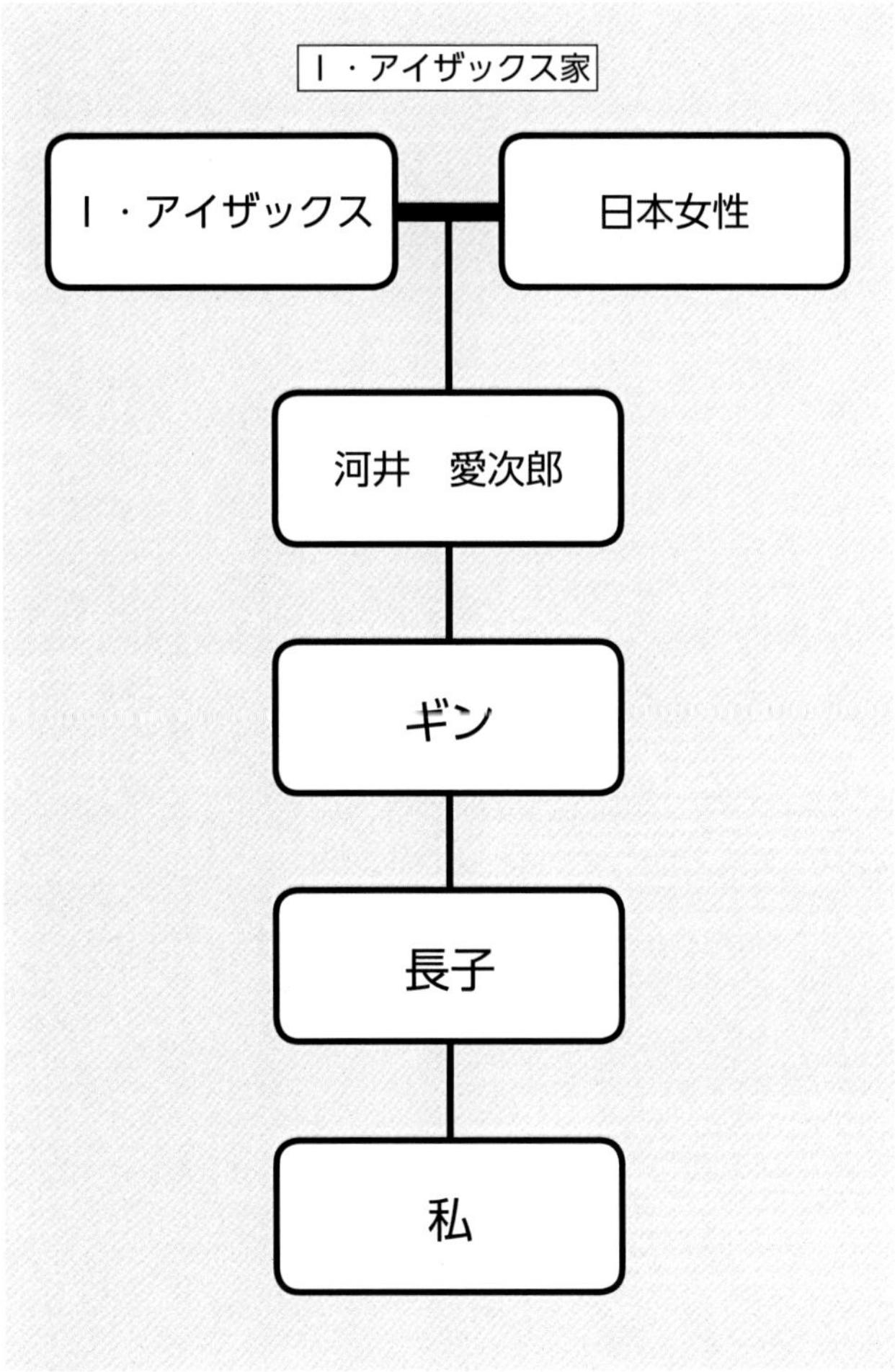
I・アイザックス家
I・アイザックス
日本女性
河井　愛次郎
ギン
長子
私

〈系図５〉

《付》私が小学校3年生の時に描いた「母・長子」の絵が出てきた。

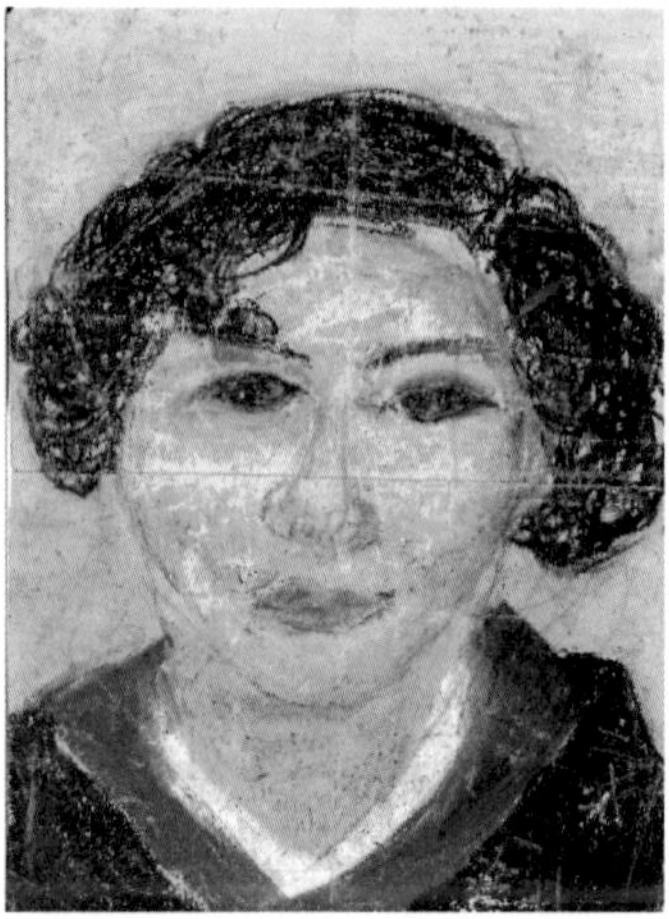

私が描いた母・長子の絵

おわりに

１９１９年10月、私はアメリカのコネチカット州にあるイエール大学にいた。１００年以上の歴史を誇る男性コーラス、ウィッフェンプーフスの１１０周年祭に参加するためだった。彼ら14名は、毎年世界ツアーの一環に日本にホームステイし、素晴らしい男性コーラスの歌声を我々に披露してくれた。私も通算15年、ホストママを引き受けていたが、高齢になりホストは引退した。我が家に滞在した彼らに会えるかもしれない、こんな機会はそうはないだろうと思い切って参加したのだ。

大学の記念祭も終わり、折角だからＮＹに立ち寄りミュージカル等を観て、ＮＹの街を堪能しようと、20歳も若いホストママのＦ子さんがウエストサイドストリートに格安の宿を見つけてくれた。ＮＹ滞在の４日間は、それぞれ好きなミュージカルを観たり、日本に滞在したそれぞれのメンバーの話、これからの夢など、尽きることなく喋り、濃密な日々だった。

楽しいＮＹ旅行の余韻が冷めやらない年明けには、何やら不気味なコロナ禍がひたひたと迫ってきていた。そして気楽に会うこともままならない翌年に、Ｆ子さんが体調を崩され、あっという間に亡くなってしまった。衝撃があり過ぎた。あの元気だったF子さんが、何のお別れも出来ぬまま逝ってしまうなんて。

何年か前から、ぼちぼちとファミリーヒストリーの資料を何となく集めていた私だが、人間いつ何時どうなるかわからない。毎年開いていた高齢者の多い兄弟従妹会も開かれなくなっている。ここで纏めなくては何時纏められるのだと、F子さんの死を前に思い切って纏めることにした。

特に私のルーツに係る血縁関係の証明が難しかったのは、愛次郎が眠っている池上本門寺の過去帳が火災で焼失してしまっていること。又、母・長子の戸籍が遡れなかったのは、本籍のあった墨田区・本所が関東大震災で原本が消失してしまったことによる。

NHK番組「ファミリーヒストリー」はNHKの収集力をもって、有名人の家族の歴史を綿密に調べ、魅力的な番組に仕立て、さすがNHKだと感心するばかりだが、私は私、何のコネもない一介の75歳の時のおばさんが自分の足で調べたことに意義があると思っている。

2023年6月　髙橋芙佐子

謝辞

この本を世にだすにあたり、現在のアイザックス社の小倉会長、輪島市教育委員会のU氏、輪島河井町日蓮宗妙相寺御住職、元横浜開港資料館の調査研究員斎藤氏、いち私人に丁寧なお返事を下さった亡きドナルド・キーン氏、そして私の知らない思い出を語ってくれた、私の従兄妹達、親族のK子さん、Y氏、その他アドバイスをくれた友達がいて出版にこぎつけることが出来ました。深く感謝申し上げます。

最後に、この本を、河井愛次郎、母・長子、若くして亡くなった姉・美保子に捧げます。

髙橋　芙佐子（たかはし ふさこ）

1946年、東京・阿佐ヶ谷で4人きょうだいの末っ子として生まれる。3児の母。

20代、ヒマラヤ山脈に昇る日の出を見るため、インドの北部、エベレストの麓、ダージリンの丘に一人旅。テレビクイズ番組（押坂忍100万円ベルトクイズ、小泉博クイズグランプリ、田宮次郎タイムショック）全て制覇。

30代、週刊朝日・パロディ百人一首（井上ひさし、丸谷才一選）一席と三席。

還暦を機に、英語と書道をやり直し始める。

40～60代、ボランティアでホームステイホストとして、世界各国から50人余りを受け入れる。

60代、書道、師範合格。70代、74歳で英検準一級合格。

また、長年、生協理事として産直活動を学ぶ。

趣味：旅行、読書、川柳、ガーデニング

長子《ちょうこ》さんの鼻の高さはどこから来ているのか ～ファミリーヒストリー～

2023年8月10日　第1刷発行

著　者　髙橋芙佐子
発行人　大杉　剛
発行所　株式会社 風詠社
〒553-0001　大阪市福島区海老江5-2-2
大拓ビル5-7階
Tel 06（6136）8657　https://fueisha.com/
発売元　株式会社 星雲社
（共同出版社・流通責任出版社）
〒112-0005　東京都文京区水道1-3-30
Tel 03（3868）3275
装幀　2DAY
印刷・製本　小野高速印刷株式会社

ISBN978-4-434-32641-7 C0095

郵便はがき

料金受取人払郵便

大阪北局
承認

1635

差出有効期間
2025年1月
31日まで
（切手不要）

553-8790

018

大阪市福島区海老江5-2-2-710
㈱風詠社
愛読者カード係 行

ふりがな お名前				大正　昭和 平成　令和　　年生　　歳
ふりがな ご住所	□□□-□□□□			性別 男・女
お電話 番号		ご職業		
E-mail				
書名				
お買上 書店	都道府県　　市区郡	書店名	書店	
		ご購入日	年　月　日	

本書をお買い求めになった動機は？
1. 書店店頭で見て　　2. インターネット書店で見て
3. 知人にすすめられて　　4. ホームページを見て
5. 広告、記事（新聞、雑誌、ポスター等）を見て（新聞、雑誌名　　　　）

風詠社の本をお買い求めいただき誠にありがとうございます。
この愛読者カードは小社出版の企画等に役立たせていただきます。

本書についてのご意見、ご感想をお聞かせください。 ①内容について	
②カバー、タイトル、帯について	
弊社、及び弊社刊行物に対するご意見、ご感想をお聞かせください。	
最近読んでおもしろかった本やこれから読んでみたい本をお教えください。	
ご購読雑誌（複数可）	ご購読新聞 新聞

ご協力ありがとうございました。

※お客様の個人情報は、小社からの連絡のみに使用します。社外に提供することは一切ありません。